Bibliografische Information der Deutschen Nationalbibliothek
Die Deutsche Nationalbibliothek verzeichnet diese Publikation
in der Deutschen Nationalbibliografie;
detaillierte bibliografische Daten sind im Internet
über http://dnb.d-nb.de abrufbar.

Herstellung und Verlag:
BoD - Books on Demand, Norderstedt
1. Auflage
© 2017 Joe Schmeing
Layout und Cover: Rolf Rötgers

ISBN 978-3-7431-3353-2

joe schmeing

gedichte

ein kapitel für sich

eine sekunde

wenn du auch nur
eine sekunde wüsstest

wie sehr ich dich liebe
würdest du

den kaffee nicht trinken
das eis nicht essen

hier nicht sitzen und
nicht lachen mit mir ...

astrid johanna

du bist meine muse
du lachst du weinst
du leidest
du liebst

wenn ich spreche
wenn ich schreibe
wenn ich liebe
wenn ich leide

du bist meine muse
treibst mich dahin
mein schweigen
zu brechen

eben jene die das
zerbrechliche
meiner worte
erzwingt

zu nah

so getan wie
wenn nichts wäre
abstand gehalten
keine nähe nicht nah
termine verlegt
und erfunden
um dich nicht zu treffen
zu sehen von nah
gelöscht
deine adressen nummern
geschriebenes alles
was mir zu nah
ausgerechnet du
aber müsstest
auf mir liegen jede nacht
zu nah zu nah!
damit es mich
nicht wegträgt
wenn ich dich träume
zu nah
du bist mir einfach
zu nah

märkte

wir gingen über
märkte mit fritten
mit käse und fisch
sah deine schritte
den käsehändler nicht

garn und schuhe
und dann ruhe

dein gang so schön
wie ewigkeiten
die zeiten wiegend
nicht wissend
wie ewigkeiten sind

pendelnd
nicht gehend

du brauchst
manchmal dinge
von denen du
nicht weißt
was in ihnen steckt

wundertüten
sind dir lieb

fast harmonisch
bedingt friedlich
allenthalben
zwing ich mich
schön zu sagen

reden ist
tagewerk

friedlich war's
fast harmonisch
jedoch: nicht nur
der käsehändler fehlte
auch zu sagen

hatten wir uns
nichts

ganz o.k. so

morgen gibt's musik
metal - eagles spielen auf
von dir eingeladen
bin ich unruhig drauf
ich liebe die musik
so wie auch du sie liebst
du wirst wie ich da sein
klar ist dass du alles gibst

doch das ist das problem
es wird mehr und groß
ich weiß dass du da bist
oh frau was mach ich bloß?
mit dir ist's ein problem
wenn ich allein wär nicht
denn nur wenn du da bist
dann geht so vieles nicht

nicht dieses freie sein
nicht dies gedankenlos
nicht dieses fallenlassen
auch nicht dieses schwerelos
ich weiß wenn du da bist
dann kontrollier ich mich
bitte bitte keine fehler
ich brauch mich im griff

vielleicht aber habe ich
doch allzu viel kontrolle
über die gefühle
die ich dir gerne zolle
morgen abend werd ich's tun
hingeben gedankenlos
mich frank und frei bewegen
fallenlassen schwerelos

morgen gibt's musik
metal - eagles spielen auf
von dir eingeladen
bin ich unruhig drauf
ich find die mucke geil
auch du liebst die musik
natürlich wirst du da sein
ok - das ist wohl glück

für mich

ich hasse diese strecke
fünfhundert bis berlin
hass jeden kilometer
und es zieht mich hin

vorbei an oeynhausen
wechsel auf A2
dreihundertzweiundachtzig noch
dann ist es vorbei

hannover gräbt geschichten
aus der erinnerung
leichte schöne geile
aber scheiße ich war jung

die straße trägt mich weiter
tanken bei total
dann kreuzberg maybachufer
mit blick auf den kanal

habe im gefecht um dich
trocken mich gelegt
was ich will das geht nicht
hoff dass sich mein herz nicht regt

bin hier dich nicht zu fühlen
nicht zu schmecken zu berühr´n
nicht zu sehen und zu sprechen
zu verzaubern zu verführ'n

denn das alles will ich nicht
will nur sehn wie's mir so geht
ob das gift der liebe
sich noch in meinem körper regt

für mich für mich für mich
da fahr ich diese strecke
- ich hasse jeden meter -
jeden stau in dem ich stecke

für mich für mich für mich
für mich muss ich es tun
glaube mir mit meiner liebe
zu dir hat's nichts zu tun

aufgegeben

hab vielfach versucht
deinen geist zu erringen
mit witz mit verstand
und anderen dingen

so geht's tag für tag
schon eine weile
sprech dich schreib dir
zeile um zeile

was ich auch mache
trifft nicht deine seele
gibst mir das gefühl
dass da was fehle

vielleicht sehen wir uns
auch viel zu selten
vielleicht leben wir auch
in verschiedenen welten

ich kenn dich acht jahre
neun nächsten märz
was ich nicht kenne
das ist dein herz

bin vom kämpfen zu müde
um auch nur einen sieg
nach hause zu tragen
lehn dein ohr an mein herz!
lehn dein ohr an mein herz!
und höre es schlagen

andere(s)

so sagt man

wenn einer von zweien
unterworfen wird
das ist sklaverei

wenn einer von zweien
süchtig macht
das sind die triebe

wenn einer von zweien
abhängig ist
das geht schon vorbei

wenn einer von zweien
sich unterwirft
das ist die liebe

so sagt man

die geliebte kam mit dem schiff

die geliebte kam mit dem schiff
seit tagen sehnlich erwartet
die nacht die folgen musste
wild bestimmt leidlich entartet

auf ihrem nackten arsch die neuen
gedichte ganz langsam gelesen
noch langsamer und sanft
erfühlt ihr weibliches wesen

schon vor nächten erträumt
geküsst geleckt gerieben
mal um mal aufgebäumt
durch alle phasen getrieben

leise gierend dann wieder laut
keuchende verwüstungen
im laken hinterlassend
spuren der nägel in meiner haut

die geliebte kam mit dem schiff

unter die haut

den regen hält sie ab
und sie schützt vor sonne
wenn man sie streichelt
überträgt sie wonne

erkennt harte schläge
sie spürt dornen auch
noch so winzige steinchen
vom wind den leisen hauch

unter sie geht soviel
als da wären schmerzen
jedoch auch die musik
die quinten und terzen

das kribbeln der liebe
ebenfalls das erröten
und sie liebt das licht
zu viel kann sie töten

sie redet nur wenig
über freude und hass
sie weiß dies ist dies
und das ist das

erfreut sich an wasser
gern wenn's mal regnet
sagt uns alles wenn sie
einer andren begegnet

unter die haut geht so viel
liebe freude und licht
was ich denke und wünsche
nur du leider nicht

mehr genommen

sie ist fort!
sie ist fort!
verließ mich
floh den ort
gemeinsamer
erinnerung
sie ist fort
sie ist dort
wo alles glück
in alle hände fällt
weil dieses leben
und das streben
nach glück ihr
nicht mehr gab
als es ihr raubte
- wie sie glaubte
sie ist fort ...

hab dich geliebt

hab dich geliebt
durch mark und durch bein
mein irrer wunsch
war bei dir zu sein

hätt mir den verstand
rauszerren lassen
der liebe willen
von freunden hassen

wollt mit dir reden
vögeln und schrein
schweigen und saufen
einfach nur sein

danach was rauchen ...
aber du hast kurz
entschieden mich
nicht zu gebrauchen

ungenuss

wir sehn uns leider nicht
du schreibst mir mails und sms
das machst du um zu bleiben
ich dich nicht vergess

doch dich nur zu lesen
heißt was es heißen muss
ständig dich nicht zu vögeln
querulanter ungenuss

falschfahrerin

manchmal treffen wir
uns noch und wieder
auf ein gespräch bei
kuchen und kaffee
spröde klingen meine
alten lieder ...
nicht nur verlassen
auch zusammensein tut weh

ja - abschied - immer drama
das ist schwer untertrieben
zerstückelt meine seele
und raubt mir den frieden

alles wär nur halb so schlimm
und jeder ginge wieder
die mühsam eignen wege
säng seine eigenen lieder

wenn nicht was unrichtig wär
du dir treu bleibst und bliebest
hier und jetzt aberkennend
wenn du danach nicht schriebest

abschied zwingt zu überdenken
wer wir sind wer wir waren
doch werd ich's gefühl nicht los
den falschen weg zu fahren

nicht gut

rauch zuviel
trink zuviel
mir geht es nicht gut
fahr zu schnell
denk nicht klar
innen brennt die wut

seh nicht klar
höre schlecht
nur worte die ich will
gehe schwankend
torkelnd obwohl
ich gerade laufen will

duster sinn
dröhnt im kopf
harte stiche in der brust
schmerz im bauch
zerreißt die seele
fühlt sich an wie sucht

und die macht
keinen unterschied
zwischen reichen armen
der turkey
der mich schüttelt
der trägt deinen namen

schwer verletzt

nach all den jahren
geglaubt ich wüsste
wirklich alles hätte
alles bedacht
alles durchdacht

was in unserem ehemals
geschehen und gewesen
gedacht du hättest
keine weibschaft
mehr über mich

frag ich mich nun
wie du es machst
mein ureigenes ich
mit einem satz
dermaßen zu verletzen

weißt wie ich ticke
kennst mich gut
und der spruch
der mich erreichte
stand schon jahre fest

die unbequeme wahrheit
liegt nicht bei dir
liegt nur bei mir
in der dunklen letzten ecke
ist immer noch gefühl

befremdliche

fremd geworden
deine worte missklingen
wie aus frühem früher
mich nicht einholbar
phasenverschoben
verzerrt verrauscht

deine gedanken abstrus
fragen ans gewesene
gehen an zusammenhalt
und übereinstimmung
das heute deiner worte
aus ratgebern stammend
für unleben die dir sagen
du bist selber schuld

erinnerungen an gefühl
da kann ich in der tiefe
suchen tauchen fischen
leer bleiben die netze denn
in wahrheit brauchen wir
unser gegenich nicht mehr

die große stadt

mitte

das elend trägt armani
sitzt einsam in lokalen
macht sieht wirklich anders aus
und frisst auch nicht rouladen

hochglanzpoliertes leder
kann das grau nicht besiegen
quillt aus der naht der schuhe
von rindern schweinen ziegen

der teure zwirn verhindert
kombiniert mit 'ner lange
eigenerkenntnis zu sich
der bedeutung dem range

man glaubt zu sein und zu tun
damit ganz großes werde
ist aber nur gehilfe
und ergebener scherge

fabelhaft teuer - mag sein -
sind nun mal eitelkeiten
riesig nur sind ego und
bedeutungslosigkeiten

kottbusser brücke

chinese kreuzung ankerklause
brücke menschen stühle
tisch bedienung augen
leise laut gewühle
hasten eilen menschen
räder hupen ohren
geräusche pflaster strasse
kinder schrei motoren
haare haut gefühle
kaffee heiß grell schön
sprachen sprachen sprachen
riechen trinken sehn
haus kanal journale
urlaub liebe gehn

die nacht

wenn die große stadt die nebel
von sich streift im morgengrau
sich den tag vergeblich müht
der hektik herr zu werden
macht mit anbruch jedes abends
der sandmann seine runde
langsam kommt die dunkelheit
sanft die blaue stunde

wenn die wässer sich beruhigen
alle in die schwärze fahren
es in den straßen leiser wird
liebende sich fest umarmen
- an den lauen tagen -
kantiges und klares nächtigt
dunkelheit sich des profils
des gegenlichts bemächtigt

dann kommt die nacht - dann kommt die nacht
sie kommt leise sie kommt sacht
ist für liebende gemacht
die nacht
die nacht
die nacht

charlotte ostbahnhof

hey charlotte wo geht's hin
vorm kursschild richtung wien
wartest hier am ostbahnhof
nimmst nur flüchtig schriften wahr
du lässt die züge ziehn

kursschild mailand - kopenhagen
kursschild oslo - münchen - genf
doch dich interessieren nur
pfandwertflaschen und der rest
vom wohlstand wurst mit senf

kursschild hamburg - amsterdam
kursschild warschau - ankara
aus der tonne musst du leben
metropolen sind dir piepe
willst nicht hin warst niemals da

kursschild kiew - luxemburg
kursschild mailand - genf - berlin
du schaust dich um hier is nix mehr
schleppst dich durch den tunnel
zum nächstvollen bahnsteig hin

kursschild münchen - petersburg
kursschild stockholm - lissabon
ach charlotte ostbahnhof
familie leben schön geplantes
total zerplatzt ... oh ein bonbon

nu iss schluss berlin

hab mich neunzehn jahre
mit dir beschäftigt
hat sich's wirklich gelohnt?
war emotional heftig
hast in mir gewohnt

hast mich zerrissen
zwischen kaff und stadt
zwischen dorf metropole
zwischen hunger und satt
außen fest innen hohle

so dermaßen geil auch
deine parks und teiche sind
darauf die vögel und enten
völlig zum kotzen sind
du und die prominenten

denn wie man es immer
dreht häschteckt und brandet
das eine geht nicht ohne
das andere wie es sich auch
hartnäckig windet und wendet

ich liebe dich - jaaa -
bis in die letzte ecke
einiges weniger anderes mehr
wie eine heuschrecke
und eine einwohnerin sehr

hab aber alles was jemals
von dir zu mir gekommen
also ein fünftel vom leben
alles von mir - genommen
(schmerzschmerzschmerz)
und zum lektorat übergeben

allerdings nicht hoffnung lassend
für die anderen glaubens
die sich selber anders gern sehn
also: fick dich hamburg
fick dich münchen und fick dich wien

sozialalgorithmisches

facebook I

ich habe freunde
freu
habe freunde
freu freu freu
tausen.de
was ist schon mein dorf
6. 4. 9. seelen
aber
keine freunde
ich habe freunde
hundertfach
und ich
besuche
alle
jetzt
sofort

facebook II

ich teile mit
und teile sie
sie teilen mit
und teilen mich
meine freunde
und ich
wir nehmen teil
die welt
so nah
so warm
jedoch
wer bin ich
nicht wissend
wo der wohnt
den ewigkeiten
ein jeder
im dorfe kannte

facebook III

suche dich
finde dich
lese dich
und doch

will gar nicht
wissen was du
den tag
so machst

entzauberst
meine welt
die ich von deiner
mir gedacht

und was

wenn alles
nur erfunden
mir und dir
zu schmeicheln
damit wir
kleben bleiben

kaufen

10110100111000

after fb so bitter
ohne netz zu denken
0 punkt 0 punkt
freunde weltweit
der trottel im dorfe
bin ich
kleben geblieben
berauscht
gekauft

mich löschen

die letzte
chance

dies ist ein schöner tag

grade aufgestanden
und schon funktioniert
befehl empfangen
gekauft mich optimiert

wo bitte sind die likes
weiß nicht wer ich bin
wenn ich nicht weiß
wie andere mich sehn

ich geb mir alle mühe
berechenbar zu sein
verneine selbstbestimmung
sag ja zum vorhandensein

algorythmen formen
meine seichten träume
plazieren angebote
füll´n erwartungsräume

ja ich bin ein mensch
und stehe hier auf erden
über allen dingen denn
ich kann beworben werden

so lautet die erkenntnis:
ach du meine fresse -
ich bin mehr wert als das schwein
dass ich vom grill grad esse

verschiedenes

meditation

bildbetrachtung

nidaa badwan

zwiebeln kohl karotten
kartoffeln bohnen lauch

wenn man in das eine schneidet
muss man weinen

sterben wenn man von alldem
nichts hat - auch

das eine tut weh
das andere ist tödlich

nirgendwo ist mitte

wie die entscheidung: freiheit!
es gibt immer tiefe schnitte

blind

ich bin blind
weil ich nichts sehen kann
blind
weil ich nichts sehen will
blind
weil ich nichts sehen soll
blind
weil sehen nebel ist

veränderung

wenn ich sie betrete
verändere ich die räume

ich verändere erwartung
wenn ich von was träume

ich verändere die zeit
wenn ich in ihr lebe

ich verändere gefühle
wenn ich sie dir gebe

ich verändere das heute
wenn ich mich versenke

ich verändere die zukunft
wenn ich an sie denke

ich verändere die sicherheit
wenn ich mich in ihr wiege

ich verändere die welt
wenn ich in ihr liebe

hille perl

ein strich
dann töne
zwei strich
ein konzert
tiefhölzern
rein und klar

kaum berührt
zu bewegung
verführt
lassen saiten
erfühlen
seelen der luft

seicht behende
die hände
die hand
umfließen
den körper
sinnliches land

ein strich noch
vollendet
klingt wie erden
töne wandeln
schönheiten
werden

die augen nun
geschlossen
nachfühlend
den klang
wie gegossen
verflüchtigt
er sich doch

verluste

staben silben worte sätze
zeilen seiten bücher werke
geheime fluchten voller schätze
verlieren sich und ihre stärke

vertrautes ist wie fremd geworden
selbsterschaffene dinge schwinden
erlerntes scheint leis zu verdorren
nichts will verknüpfen und verbinden

wertgeschätzte welten sicherheiten
zerfließen wie wasser aus flüssen
im meer von lieben leben leiden
zuletzt das urvertrauen missen

wenn alles unwägbar scheint oder ist
wut und angst sich dirigierend erwiese
ist demut zur ergebenheit erkenntnis
wie das segeln vor leichter brise

pendler

ich habe sie beobachtet
- jahrelang -

die die franziskus
wahren herzens folgen

sie gehen nicht
sie schreiten
maßnehmend
an der ewigkeit

kaputte tage

aus dem bett gefallen
ein ei gekocht
pille gegen schmerzen
im kopf gefressen

mit nackten füßen
vor die tür im schnee
gelaufen und
an dich gedacht

scheißkiste springt
nicht an der ganze
morgen geht
den bach hinunter

mein herz blutet
die seele schreit
und schon wieder
du in meinem kopf

ja ja ich lebe
nicht im paradies
höre nachrichten
und könnte kotzen

verfickte welt
nichts ist heilig
alles scheiße
das für lang

finde keinen
rhythmus absolut
für dich liebe
worte vögeln

der tag vergeht
du siehst mich
quatsch mit dir
genervt genervt

verotteter tag
du hast mal wieder
nein gesagt und
nächstes jahr im kaneval

leg mir schon mal
morgige pille klar
reiß 'ne flasche auf
überdenk die scheiße

's ist spät abends
find dich plötzlich
wieder wunderbar
bin aber kackehacke
dafür rhythmus metrik
fast beinahe wieder
da da da

reaktion

ich tue nichts
ich schreibe
ich glaube nichts
ich schreibe
ich meine nichts
ich schreibe
ich sage nichts
ich schreibe
ich will nichts
ich schreibe
ich deute nichts
ich schreibe
ich erwarte nichts
ich schreibe
ich sage nichts
ich schreibe
ich lache nicht
ich weine nicht
ich feire nicht
ich sinne nicht
ich suche nicht
ich schreibe schreibe schreibe

mg5 vs bwv60

die kadenz
eines mg5
von heckler & koch
ist nicht die des
bwv60
von johann sebastian bach

das mg5 ruft
tack tack tack tack tack
das bwv60 ruft
es ist genug!

nachts

ich laufe und laufe
doch nimmt es
nirgends ein ende
wohin ich auch geh
behindern mich
türlose wände

es regnet regnet
immer weiter
und hört nicht auf
wann scheint die sonne
bin verzweifelt
warte so drauf

plötzlich unruhe
im offenen wagen
fahr ich im wind
du sitzt neben mir
lachst mich an
wie schön wir sind

ich halte die rede
meines lebens
erzähl über mich
sag das alles nichts
ist und sinnlos
ganz ohne dich

kommst auf mich zu
gibst was ich gewünscht
den einen kuss
dein gesicht wird
grenzenlos hässlich
ich fühl einen stoß

du bist wieder weg
es regnet und regnet
sogar in den räumen
so ist es in meinen
wirklich schlimmsten
albträumen

zweidimensional

mein dasein ein schatten
geworfen an die wand
rechnerisch begründet
im linienflächenland

alles eingebildet
die liebe wut und hass
ein spielfilm alles nur ...
doch fragen nach dem was

nach dem woher und wie
zum schluss nach dem wohin
nur zwei dimensionen
kein ende kein beginn

das skript es zeichnet hart
meindein leben voraus
versuch anders zu sein
sofort kickt es dich raus

figuren im elend
eig'nem schein erlegen
selbstbestimmtes leben?
pah!
alles spricht dagegen

angst

angst
hab ich nicht vor einsamkeit
angst
hab ich nicht vor blindheit
angst
hab ich nicht vor sinnlosigkeit
angst
hab ich nicht vorm wahnsinn
angst
hab ich nicht vorm verlorensein
angst
hab ich nicht vor liebe
angst
hab ich nicht vor hass
angst
hab ich nicht vor feindschaft
angst
hab ich nicht vor freundschaft
angst
hab ich nur vor unbekanntem
angst
hab ich nur vor dir

„du bist nie wirklich ernsthaft!"

ich bin kein ernsthafter mensch
lass die dinge meist laufen
betrachte die menschen nur
beim bauen lieben kaufen

beobachtungsversuche
unterschiede erkennen
sehr mäßige erfolge
nur ein kämpfen und rennen

weibchen drapiert und drapiern
stöckchen auf stöckchen tragen
das nest soll ja schön sein und
nichts gibt's zu hinterfragen

männchen plustern mächtig auf
schrotten autos an eichen
machen muskeln und kohle
soll zur erkenntnis reichen

die gesetze sind ewig
vom leben und der natur
menschlichen geist beschämend
ergibt sich doch eines nur

vermehrt euch - bis zum geht nicht mehr
vermehrt euch - über und durch alle stände
vermehrt euch - unter allen umständen
vermehrt euch - bis zum totalen ende

ist meine sicht der dinge
wenn ihr wollt zieht sie euch rein
doch erwartet nicht von mir
ein ernsthafter mensch zu sein

ich bin

ich bin zwei
ich bin drei
ich bin viele
immer neben mir

nach vorn
nach hinten
nach links
nach rechts
im kreis

doch in
welchem
dieser
parallelen
universen

hab ich
glück
hab ich
mut
hab ich
alles

was es braucht
dir
ich liebe dich
zu
sagen

voraussetzung

glaube nicht, dass da
wo du dich befindest
irgendwas erfahrung ist
schritte tiefer gehen immer

dein in und an und für sich
sich stets selbst erlaubender
zynismus über chanelle n°5
- in ehren - aber hier unten
reicht und taugt er zu nix

glaube nicht auch nur
irgendwas zu wissen
wenn du nicht die jahre
mit mir verbracht

sicherheit

leih mir deine hände
leih mir deine augen
leih mir deine ohren
leih mir deine füße
leih mir deine sinne
leihe mir dein herz

nur um sicher zu sein
dass ich alles auch
wirklich und richtig

begreife
sehe
höre
begehe
erfahre
und fühl

heiliger abend

heut ist montag
eine große leere
verwüstet das land
ein jeder säuft
und fröhnt der völlerei
das elend zu ertragen
dieser stillen nacht
komm! gieß ein!
gib nachschlag
denn auch ich
will nichts wissen
von wärme kindheit
und glück

momente

flüchtig der moment
der zusammenkunft
andre traf ich zuvor
auf dem refugium

geschwätz gerede
getändle gemach
wie jedes andere fest
dies jenes drumherum

sie erwischte mich
beim fünften glas wein
zur gratulation
reichte es gerade noch

plus einer zweiten
umarmung auch
nach drei stunden
wie's so kommt und doch ...

doch war es diesmal
anders - die nuancen
hauch innersten
friedens und mehr

vertrauen frohsinn
viel gelebtes -
trafen zusammen
gingen einher

am ende des festes
noch eine umarmung
zum schluss - wir allein
ruhe über der welt
ein käuzchen stellte
lauschend sein rufen ein

den zauber ahnend
der diesen moment
in gänze umgab
um nichts zu zerstör'n

verrat auf keiner seite
nur großes
war zu vernehmen
wenn auch nicht zu hör'n ...

rock'n roll

wenn nichts
sinn ergibt
scheiße wie
poesie klingt
mainstream
sich vergeistigt
an titten aus
dummheit stillt
du aber rufst
it's rock'n roll
dann sag ich
bullshit
wenn das
dein lebens ist
dann lass es dir
von hinten
durch den arsch
aus deinem
schädel ficken
das ist dann
wirklich

rock'n roll

so bin ich

ich bin so voll angst
dass selbst der hauch
kalten windes reicht
mein leben zu nehmen

ich bin so verletzlich
dass das zerspringen
eines glases genügt
mein herz zu brechen

ich bin so untröstlich
dass sogar der strich
und ton einer geige
meine seele zerfetzt

ich bin so voll liebe
dass der flug einer feder
die kräfte besitzt
mich zu zerstör'n

bin aber auch wasser
fließend, gestaltend
weich und unermüdlich
mein leben zu formen
meine wege zu gehn

blick nach vorne

wer's krüppellied nie mitgesungen
dem ist auch der rest
vom behindertsein egal
wem poesie fantasie
clownerie und feuerwerk
nur monetäres werk
lebt halb lebt nicht
lebt nur zum teil
auf jeden fall verkehrt - fatal!
wer's angstlied nicht verstanden
kennt meine ängste nicht
wer den schnitter nicht erfahren
weiß von meiner seele
auch nur als gedicht
mein freund er kommt!
kommt mit des südens kräutern
thymian und rosmarin
kommt mich zu begleiten
und mit mir zu zieh'n

sardine

schmeckst grade und ehrlich
mit gräten und haut herrlich
in öl und nicht ohne salz
leber und darm - gott erhalt's!
und anderen innereien
eben all den schweinereien
was aus der blechbüchse lacht
dich groß charakterstark macht
schön - ausgerechnet zwei bäume
geben dir geschmackliche träume
olivenöl citrone vor allen dingen
lassen ungeahnte höhen erringen
nicht gelackt nicht geschniegelt
einfach gradaus ungestriegelt
du gottverdammter hering
aus den meeren von bering
willst nie mehr als du selber sein
völlig ohne glanz oder schein
das unterscheidet dich von vielen
an einfachheit nicht zu kopieren
aber auch weil du als modernist
in der tat richtig scheiße bist

deine hände

tasten streifen drücken streicheln
fühlen spielen wärmen schmeicheln
fassen helfen sorgen geben
erkennen lieben und erregen

wehren schneiden zeigen schützen
kochen schlagen machen schnitzen
besitzen zittern dirigieren
schrauben nähen und verlieren

so vieles können deine hände
arsch abwischen nach dem scheißen
und auch darin sehr behände
das herz aus meinem köper reißen

die letzte bahn

manchmal reicht es nicht
den abend lang zu reden

manchmal reicht es nicht
mit „barfuß durch die nacht ..."

manchmal reicht es nicht
mit ganzem herzen leiden

manchmal reicht es nicht
mit 'spaß' und mit 'gelacht'

manchmal reicht es nicht
die letzte bahn zu nehmen

manchmal reicht es nicht
im himmel und auf erden

manchmal reicht es nicht
soviel gefühl zu haben

manchmal muss man einfach
durchgevögelt werden

liebeserklärung

liebe dich wie butterkuchen
hab dich gern wie quark und zimt
begehre dich wie kaviar
ein gericht das perfekt stimmt

bist geil wie kobebenpfeffer
wie eine peperoni scharf
sizilianisches olivenöl
schmeckst so schön nach gras

vergleichbar nur mit kräutern
salbei kerbel rosmarin
kräutermischung der provence
einfach alles drin

du duftest auch nach blumen
natürlich essbar dann
ein koch der muss dich lieben
weil er gar nicht anders kann

meine liebste, ich bin koch
vielmehr gibt's nicht zu sagen
du gehst mir durch mein herz
meine seele und den magen

wurzeln

suchender der bin ich
nichts gefunden nirgendwo
in büchern fremden ländern -
kein reichtum und kein wissen
keine heimat - sowieso

ich bin oft aufgebrochen
doch nirgends angekommen
ein bauer aus westfalen
ein nomade unserer zeit
nur im kopfe weg und fort
keinen sinn für zahlen
silben säend himmelweit -
immer noch am gleichen ort

frag mich was mich hält
vielleicht seid es ja ihr
seelen menschen freunde
wär so gern woanders
doch bin noch immer hier

schubladenlos

anzeige

gesucht wird eine jemandin
von der man wirklich sagen kann
dass man sich zuletzt am ende
an jeden tag erinnert dann

blattgold

gierigmachendes mineral
zu dünnster schicht geprügelt
die selbst licht passieren lässt
verleihst steinernen monstern
und wurmstichigen rahmen
würde größe und glanz

genau wie kultur menschen
hauchdünn zusammenhält
ihnen illusionen verleiht aber
gedanken an mord sind nicht fern
wenn man von meinem frittenteller
ungefragt ein stäbchen frisst

erwartung im busch'schen sinne

man erwartet dass das papier
sich nicht so leicht sich füllt wie hier
dass grad der schreiber schwer geplagt
ringend hinter wort und einfall jagd

so hört man hinter jeder hand
das blatt bleibt leer - das ist bekannt
es folgt der ruf ihr kennt ihn schon
inspiration! inspiration!

ich erfülle die enttäuschung
zerstöre gerne die bedeutung
einen einfall hab ich schon mal
der wird geprüft ist meist zu schmal

ist jedoch einer zu was tauglich
ja ihr lieben dann wird's schaurig
nach zwei prozent inspiration
folgt auf dem fuß die arbeit schon

es wird geschrieben wird geschaut
wie man die worte verse baut
gefügt gestrichen immerfort
ein wörtchen hier ein sätzchen dort

ist dann schließlich alles schlüssig
auch die tinte läuft ganz flüssig
dann wird der brei in form gepresst
zum schluss wird nur papier benässt